Cornelia Haas · Ulrich Renz

Mon plus beau rêve

Min allra vackraste dröm

Livre bilingue pour enfants

avec livre audio et vidéo en ligne

Traduction:

Martin Andler (français)

Narona Thordsen (suédois)

Livre audio et vidéo :

www.sefa-bilingual.com/bonus

Accès gratuit avec le mot de passe:

français: **BDFR1527**

suédois: **BDSV2831**

Lulu n'arrive pas à s'endormir. Tous les autres rêvent déjà – le requin, l'éléphant, la petite souris, le dragon, le kangourou, le chevalier, le singe, le pilote. Et le bébé lion. Même Nounours a du mal à garder ses yeux ouverts.

Eh Nounours, tu m'emmènes dans ton rêve ?

Lulu kan inte somna. Alla andra drömmer redan – hajen, elefanten, den lilla musen, draken, kängurun, riddaren, apan, piloten. Och lejonungen. Även björnen kan nästan inte hålla ögonen öppna ... Du björn, kan du ta med mig in i din dröm?

Tout de suite, voilà Lulu dans le pays des rêves des ours. Nounours attrape
des poissons dans le lac Tagayumi. Et Lulu se demande qui peut bien vivre
là-haut dans les arbres ?

Quand le rêve est fini, Lulu veut encore une aventure. Viens avec moi,
allons voir le requin ! De quoi peut-il bien rêver ?

Och med det så finner sig Lulu i björnarnas drömland. Björnen fångar fisk i Tagayumisjön. Och Lulu undrar, vem skulle kunna bo där uppe i träden? När drömmen är slut vill Lulu uppleva ännu mer. Följ med, vi hälsar på hajen! Vad kan han drömma om?

Le requin joue à chat avec les poissons. Enfin, il a des amis ! Personne n'a peur de ses dents pointues.

Quand le rêve est fini, Lulu veut encore une aventure. Venez avec moi, allons voir l'éléphant ! De quoi peut-il bien rêver ?

Hajen leker tafatt med fiskarna. Äntligen har han vänner! Ingen är rädd för hans spetsiga tänder.

När drömmen är slut vill Lulu uppleva ännu mer. Följ med, vi hälsar på elefanten! Vad kan han drömma om?

L'éléphant est léger comme une plume et il peut voler ! Dans un instant il va se poser dans la prairie céleste.

Quand le rêve est fini, Lulu veut encore une aventure. Venez avec moi, allons voir la petite souris. De quoi peut-elle bien rêver ?

Elefanten är lika lätt som en fjäder och kan flyga! Snart landar han på den himmelska ängen.

När drömmen är slut vill Lulu uppleva ännu mer. Följ med, vi hälsar på den lilla musen! Vad kan hon drömma om?

La petite souris visite la fête foraine. Ce qui lui plaît le plus, ce sont les montagnes russes.

Quand le rêve est fini, Lulu veut encore une aventure. Venez avec moi, allons voir le dragon. De quoi peut-il bien rêver ?

Den lilla musen är på ett tivoli. Mest gillar hon berg- och dalbanan.
När drömmen är slut vill Lulu uppleva ännu mer. Följ med, vi hälsar på
draken. Vad kan hon drömma om?

Le dragon a soif à force de cracher le feu. Il voudrait boire tout le lac de limonade !

Quand le rêve est fini, Lulu veut encore une aventure. Venez avec moi, allons voir le kangourou. De quoi peut-il bien rêver ?

Draken är törstig av att ha sprutat eld. Hon skulle vilja dricka upp hela sockerdrickasjön.

När drömmen är slut vill Lulu uppleva ännu mer. Följ med, vi hälsar på kängurun! Vad kan hon drömma om?

Le kangourou sautille dans la fabrique de bonbons et remplit sa poche.
Encore plus de ces bonbons bleus ! Et plus de sucettes ! Et du chocolat !
Quand le rêve est fini, Lulu veut encore une aventure. Venez avec moi,
allons voir le chevalier ! De quoi peut-il bien rêver ?

Kängurun hoppar genom godisfabriken och stoppar sin pung full. Ännu
fler av de blåa karamellerna! Och ännu fler klubbor! Och choklad!
När drömmen är slut vill Lulu uppleva ännu mer. Följ med, vi hälsar på
riddaren. Vad kan han drömma om?

Le chevalier a une bataille de gâteaux avec la princesse de ses rêves. Ouh-la-la, le gâteau à la crème a râté son but !
Quand le rêve est fini, Lulu veut encore une aventure. Venez avec moi, allons voir le singe ! De quoi peut-il bien rêver ?

Riddaren har tårtkrig med sin drömprinsessa. Oj! Gräddtårtan missar!
När drömmen är slut vill Lulu uppleva ännu mer. Följ med, vi hälsar på
apan! Vad kan han drömma om?

Il a enfin neigé au pays des singes. Toute leur bande est en folie, et fait des bêtises.

Quand le rêve est fini, Lulu veut encore une aventure. Venez avec moi, allons voir le pilote ! Sur quel rêve a-t-il pu se poser ?

Äntligen har det snöat i aplandet! Hela apgänget är helt uppspelta och gör rackartyg.

När drömmen är slut vill Lulu uppleva ännu mer. Följ med, vi hälsar på piloten! I vilken dröm kan han ha landat i?

Le pilote vole et vole. Jusqu'au bout du monde, et encore au delà,
jusqu'aux étoiles. Jamais aucun pilote ne l'avait fait.
Quand le rêve est fini, ils sont déjà tous très fatigués, et n'ont plus trop
envie d'aventures. Mais quand même, ils veulent encore voir le bébé lion.
De quoi peut-il bien rêver ?

Piloten flyger och flyger. Ända till världens ände och ännu längre, ända till stjärnorna. Ingen pilot har någonsin klarat av detta tidigare.

När drömmen är slut så är alla väldigt trötta och känner inte för att uppleva mycket mer. Men lejonungen vill de fortfarande hälsa på. Vad kan hon drömma om?

Le bébé lion a le mal du pays, et voudrait retourner dans son lit bien chaud et douillet.

Et les autres aussi.

Et voilà que commence ...

Lejonungen har hemlängtan och vill tillbaka till sin varma mysiga säng.

Och de andra med.

Och där börjar ...

... le plus beau rêve
de Lulu.

... Lulus
allra vackraste dröm.

Les auteurs

Cornelia Haas est née en 1972 à Ichenhausen près d'Augsbourg. Après une formation en apprentissage de fabricant d'enseignes et de publicités lumineuses, elle a fait des études de design à l'université de sciences appliquées de Münster où elle a obtenu son diplôme. Depuis 2001, elle illustre des livres pour enfants et adolescents, depuis 2013, elle enseigne la peinture acrylique et numérique à la à l'université de sciences appliquées de Münster.

Ulrich Renz est né en 1960 à Stuttgart (Allemagne). Après des études de littérature française à Paris, il fait ses études de médecine à Lübeck, puis dirige une maison d'édition scientifique et médicale. Aujourd'hui, Renz écrit des essais et des livres pour enfants et adolescents.

Tu aimes dessiner ?

Voici les images de l'histoire à colorier :

www.sefa-bilingual.com/coloring

Dors bien, petit loup

À lire à partir de 2 ans

avec livre audio et vidéo en ligne

Tim ne peut pas s'endormir. Son petit loup n'est plus là ! Est-ce qu'il l'a oublié dehors ? Tout seul, il part dans la nuit – et rencontre des compagnons inattendus ...

Disponible dans vos langues?

▶ Consultez notre „Assistant Langues" :

www.sefa-bilingual.com/languages

Les cygnes sauvages

D'après un conte de fées de Hans Christian Andersen

Âge de lecture : 4-5 ans et plus

„ Les cygnes sauvages », de Hans Christian Andersen, n'est pas pour rien un des contes de fées les plus populaires du monde entier. Dans un style intemporel, il aborde les thématiques du drame humain : peur, courage, amour, trahison, séparation et retrouvailles.

Disponible dans vos langues?

► Consultez notre „Assistant Langues" :

www.sefa-bilingual.com/languages

© 2024 by Sefa Verlag Kirsten Bödeker, Lübeck, Germany

www.sefa-verlag.de

Special thanks for his IT support to our son, Paul Bödeker, Freiburg, Germany

ISBN: 9783739962856